Analyse
Par Ele

No et moi

de Delphine de Vigan

lePetitLittéraire.fr

Rendez-vous sur lepetitlitteraire.fr et découvrez :

Plus de 1200 analyses
Claires et synthétiques
Téléchargeables en 30 secondes
À imprimer chez soi

DELPHINE DE VIGAN 1

NO ET MOI 2

RÉSUMÉ 3

La rencontre
L'exposé
Lucas
La disparition de No

ÉTUDE DES PERSONNAGES 8

Lou Bertignac
No
Lucas
Anouk Bertignac
Bernard Bertignac

CLÉS DE LECTURE 13

Un roman humaniste
Le thème de la solitude
Un roman d'initiation
et d'apprentissage
Rationalité contre spontanéité
Une écriture de ce qui est

PISTES DE RÉFLEXION 21

POUR ALLER PLUS LOIN 23

DELPHINE DE VIGAN

ROMANCIÈRE FRANÇAISE

- **Née en 1966 à Boulogne-Billancourt (France)**
- **Quelques-unes de ses œuvres :**
  - *Jours sans faim* (2001), roman
  - *Les heures souterraines* (2009), roman
  - *Rien ne s'oppose à la nuit* (2011), roman

Delphine de Vigan est née en 1966 dans la région parisienne. C'est en 2001 qu'elle se fait connaitre du grand public avec un roman autobiographique traitant de l'anorexie, *Jours sans faim*, publié sous le pseudonyme de Lou Delvig. Viennent ensuite le recueil de nouvelles *Les jolis garçons* (2005) et le roman *Un soir de décembre* (2005) qui ont comme thème principal l'amour. En 2008, elle reçoit le prix des libraires pour son bestseller *No et moi* et le prix Renaudot des lycéens pour *Rien ne s'oppose à la nuit*.

En 2015, son roman *D'après une histoire vraie* remporte le prix Renaudot.

NO ET MOI

LE RÉCIT ÉMOUVANT
D'UNE AMITIÉ IMPROBABLE

- **Genre :** roman
- **Édition de référence :** *No et moi*, Paris, JC Lattès, 2008, 285 p.
- **1re édition :** 2007
- **Thématiques :** amitié, entraide, différence, pauvreté, sans-abri

No et moi, transposé à l'écran en 2010, est le récit écrit à la première personne du singulier d'une préadolescente surdouée de 13 ans, Lou Bertignac. Elle révèle ses questionnements sur la vie, sur ses relations familiales et humaines, sur l'amour et, surtout, sur la misère humaine. Lou rencontre une sans-abri de 18 ans, No, qu'elle aide à sortir de la rue. Une vraie amitié se noue entre les deux filles.

L'histoire est à la fois simple et touchante. Le talent de l'auteure réside notamment dans la description des émotions de Lou, de ses états d'âme, de son espoir, de ses désillusions et de son apprentissage de la vie. *No et moi* est une leçon de vie qui combine des aspects sociaux et personnels.

RÉSUMÉ

LA RENCONTRE

À la gare d'Austerlitz, à Paris, une jeune fille, Lou Bertignac, rencontre une jeune SDF, Nolwenn, appelée No. D'emblée, elle décide du thème de son exposé pour le cours de sciences économiques et sociales : les sans-abris. « Je vais retracer l'itinéraire d'une jeune femme sans-abri », annonce-t-elle (p. 12-13). Elle ne se doute pas encore des changements qu'engendrera cette rencontre dans sa vie.

Pour préparer sa leçon, la jeune fille invite No à prendre un verre, afin de discuter de son parcours, mais cette dernière préfère dans un premier temps écouter Lou parler. Au cours de leurs différents rendez-vous, Lou apprend que la jeune femme a 18 ans, qu'elle vit dans la rue depuis quelques mois et qu'elle est parfois abritée par des connaissances. Lou remplit un cahier entier avec le témoignage de No et, afin d'être prête pour son exposé, mène des recherches sur les SDF.

Lors d'un de leurs rendez-vous, Lou constate que No est très belle malgré ses cheveux sales. De retour chez elle, elle se remémore chaque mot de sa conversation avec No. Lors du repas, son père est comme toujours très animé, mais, cette fois, Lou ne participe pas à la discussion. Elle est très affectée par l'indifférence de sa mère, dépressive depuis quelques années suite au décès de Thaïs, la sœur de Lou, morte à deux mois.

L'EXPOSÉ

Lorsque la jeune fille présente son exposé, ses camarades l'applaudissent et elle obtient la note de 18/20. Lou retourne alors à la gare pour raconter sa réussite à No, mais la jeune femme ne s'y trouve pas. Elle n'est plus revenue depuis quelque temps, comme le lui explique la vendeuse d'un kiosque à journaux. Elle ajoute que Lou devrait mettre fin à son amitié avec la sans-abri, car elles vivent dans deux mondes trop différents.

La jeune fille se rend alors dans un supermarché où travaille une ancienne amie de No afin de lui demander des nouvelles de la jeune femme, mais elle est, elle aussi, sans nouvelles. Lou part ensuite à sa recherche dans une rue où un SDF l'abritait parfois : l'homme lui dit qu'elle pourra peut-être trouver No dans un des locaux de la soupe populaire. Lou retrouve effectivement No, quelques jours plus tard, en train de faire la queue pour recevoir son ticket. Mais celle-ci la repousse violemment : « J'ai pas besoin de toi » (p. 102), « barre-toi [...] C'est pas ta vie, tu comprends, c'est pas ta vie » (p. 103). Perdue et en colère contre No, Lou s'en va : « Elle et tous les sans-abris de la terre, ils n'ont qu'à être plus sympathiques, moins sales, c'est bien fait pour eux, ils n'ont qu'à faire des efforts pour se rendre aimables au lieu de picoler sur les bancs et cracher par terre. » (p. 104)

LUCAS

Lou est étonnée de voir un jour No devant le lycée. Elle l'invite alors à manger. No lui raconte qu'elle se trouve dans un centre d'hébergement d'urgence et qu'elle cherche du travail. Cependant, ne disposant pas d'une adresse, personne ne veut l'engager. L'adolescente lui confie à son tour ses sentiments vis-à-vis de Lucas, un condisciple.

Après les vacances, Lucas l'a rejoint dans le bus vers l'école et lui a proposé de l'emmener à la patinoire. Lou est émue à l'idée que Lucas, qu'elle trouve incroyablement beau, préfère rester avec elle plutôt qu'avec les autres filles. Elle demande à No comment embrasser un garçon, ce qui fait rire la jeune fille, qui fait elle-même quelques allusions à sa relation avec un certain Loïc.

Pour que No ait une adresse et puisse par conséquent trouver du travail, Lou a l'idée de l'accueillir chez elle. Elle parvient à convaincre ses parents. Les premiers temps, No dort beaucoup et dit souvent à Lou : « On est ensemble. » (p. 136). Elle s'entend bien avec Anouk Bertignac, la mère de Lou, à qui elle fait des confidences sur ses origines et qu'elle aide dans les tâches ménagères. Lucas, quant à lui, invite souvent les deux filles chez lui et, à l'école, passe beaucoup de temps avec Lou.

No est finalement embauchée comme femme de ménage dans un hôtel. Le travail est éprouvant, et No devient nerveuse, se montrant parfois méchante avec Lou. Un jour, elle décide d'aller voir sa mère, qui habite un HLM ; Lou l'accompagne. Mais lorsque No frappe à la porte, même si elle insiste et se met en colère, sa mère n'ouvre pas.

Peu après, les Bertignac partent pour quelques jours en Dordogne. De retour à Paris, ils constatent un changement :

No, qui travaille de nuit, boit beaucoup d'alcool, laisse trainer ses affaires et ne se présente pas aux rendez-vous avec l'assistante sociale. Or si elle veut rester chez eux, elle doit respecter leurs règles de vie, comme le lui explique Bernard, le père de Lou. No se réfugie alors chez Lucas.

LA DISPARITION DE NO

Le jeune homme décide, avec Lou, de s'occuper de No à l'insu de tout le monde. Celle-ci commence à faire des économies afin de rejoindre son ami Loïc, qui travaille en Irlande. Mais la jeune femme continue de boire, ce qui nuit à Lucas : à cause d'elle, il arrive en retard à l'école et ne fait pas ses devoirs. Par ailleurs, No dispose de beaucoup d'argent dont elle n'explique pas la provenance.

Lorsque les parents de Lou découvrent les agissements de leur fille, ils avertissent la mère de Lucas. No doit partir, et Lou veut tout quitter pour aller avec elle en Irlande. En attendant le départ, les deux filles passent la journée à se promener au cinéma et dans des bistrots, et No assume toutes leurs dépenses. Le matin, après avoir passé la nuit dans un hôtel médiocre, elles se rendent à la gare Saint-Lazare afin d'acheter des billets pour l'Angleterre, d'où elles veulent prendre le ferry pour l'Irlande. No, qui désire les acheter elle-même, demande à Lou de l'attendre. Quelques heures plus tard, elle n'est toujours pas revenue. Lou rentre alors chez elle et se réconcilie avec ses parents. Avec Lucas, elle rend visite à l'ancienne amie de No qui travaille au supermarché : elle n'a pas de nouvelles de No et affirme que Loïc n'est jamais entré en relation avec la jeune SDF, contrairement à ce que cette dernière prétendait.

Un jour, par surprise, Lucas prend le visage de Lou entre ses mains et l'embrasse.

ÉTUDE DES PERSONNAGES

LOU BERTIGNAC

Lou est une jeune adolescente de 13 ans, intellectuellement précoce. Elle a sauté deux classes à l'école ; elle est donc la plus jeune de ses camarades. Son père l'encourage à développer sa curiosité intellectuelle : il lui offre des encyclopédies qu'elle dévore. Après le début de la dépression de sa mère, elle a été inscrite dans un collège pour surdoués à Nanterre, dont elle ne revenait que toutes les deux semaines. À chacun de ses départs, elle espérait « qu'un jour il [son père] appuierait sur l'accélérateur [...] et [les] projetterait tous les trois dans le mur du parking, unis pour toujours » (p. 59). C'est à partir de ce moment que son sentiment de solitude a commencé à croitre.

C'est ce sentiment qui la pousse à s'intéresser au destin de No. Le quotidien de la jeune SDF constitue pour Lou comme « un cadeau qui pèse lourd [...], un cadeau qui modifie les couleurs du monde, un cadeau qui remet en question toutes les théories » (p. 75). Touchée par ce que la jeune fille vit, elle fait tout pour la sauver. Le fait d'avoir quelqu'un à qui faire appel et de ne plus être seule « fait la différence » (p. 238) pour No, mais aussi pour Lou. La jeune fille n'accepte pas que les êtres humains vivent dans des mondes séparés en fonction de critères arbitraires comme l'argent ou le fait d'avoir du pouvoir. Elle voudrait que « les mondes communiquent entre eux » (p. 86). En aidant No et en devenant son amie, elle veut parvenir à concilier deux univers antagonistes.

Lou n'aime pas parler en public, car elle a l'impression de ne pas maitriser la force des mots et préfère garder pour elle « l'excédent, l'abondance, ces mots qu'[elle] [...] multiplie en silence pour approcher la vérité » (p. 30). Si elle n'est pas très communicative avec ses camarades et avec ses parents, en son for intérieur, en revanche, elle est très active. Elle réfléchit sans cesse, compte les choses, fait des parallèles et des comparaisons, et surtout observe. Elle s'étonne par exemple qu'on puisse voler dans l'espace et en même temps laisser mourir des SDF dans la rue. Elle va souvent à la gare d'Austerlitz parce que le cadre est idéal pour observer les émotions humaines : « [L]'émotion se devine dans les regards, les gestes, les mouvements, [...] il y a toute sorte de gens, des jeunes, des vieux, des bien habillés, des gros, des maigres, des mal fagotés et tout. » (p. 15-16)

C'est grâce à No que Lou évolue : elle acquiert de la force pour se battre non seulement au nom des plus démunis mais aussi pour surmonter sa timidité vis-à-vis de Lucas. Même si elle échoue dans sa mission de « sauver » No, elle gagne en confiance et murit énormément.

NO

No est une jeune femme de 18 ans qui s'appelle en réalité Nolwenn. On apprend par ses confidences qu'elle est née suite à un viol dont sa mère a été victime quand elle n'avait que 15 ans. Provenant d'une famille pauvre, sa mère n'a eu d'autre choix que de garder le bébé, mais l'a détesté immédiatement, ne pouvant l'appeler par son nom, la toucher ou jouer avec elle. No a donc été élevée par ses grands-parents, des paysans bretons. Quand sa grand-mère est morte, No a rejoint sa mère, mais celle-ci a continué à la rejeter. Ses seuls moments de joie ont été quand son beau-père jouait avec elle et lui parlait avec douceur. Mais ce dernier a fini par quitter la mère de No, jalouse de sa fille. Sa mère est ensuite devenue alcoolique, et No a été obligée de manquer les cours pour l'aider. Les services sociaux ont finalement placé la jeune fille dans une famille d'accueil, où elle a été bien traitée. Mais, étant déjà une adolescente éprise d'indépendance et d'expériences dangereuses (alcool, cigarettes, compagnons étranges), elle a souvent fugué. Elle a donc été inscrite dans un internat où elle a fait la rencontre de Loïc, dont elle est tombée amoureuse. À 18 ans, elle se retrouve sans diplôme et sans personne chez qui aller. Elle devient alors sans-abri.

Lorsqu'elle rencontre Lou, elle lui explique que les SDF avec qui elle parle ne sont pas ses amis, car, « dehors, on n'a pas d'amis » (p. 65). « Elle raconte la peur, le froid, l'errance [...] [et la] violence » (p. 68) et s'interrompt souvent pour boire, pour fumer ou tout simplement pour avoir du silence. Lou interprète cela comme un signe d'impuissance : « [N]otre silence est chargé de toute l'impuissance du monde, notre silence est comme un retour à l'origine des choses, à leur vérité. » (p. 69)

Son expérience de sans-abri l'a rendue instable et susceptible : elle n'hésite pas à rejeter Lou, qui est pourtant son amie. Cela l'a aussi rendue indifférente à l'égard d'elle-même (elle crache, injurie et ronge ses ongles). Quand elle a de l'argent, elle le dépense sans réfléchir : elle offre une paire de baskets très chers à Lou et, la veille de son départ, elle invite son amie au cinéma et paye toutes ses consommations.

Elle parait convaincue par la théorie de la vendeuse de journaux qui estime qu'elle n'est pas du même monde que Lou, puisqu'elle ne peut s'adapter aux règles de vie des Bertignac. Elle finit par quitter son amie.

LUCAS

Lucas est un garçon de 17 ans qui, selon Lou et ses autres condisciples, est très beau. Il n'est pas intéressé par l'école et est un mauvais élève : il a déjà raté à deux reprises. Il affiche un air blasé qui attire les regards des filles et qui énerve les professeurs.

Tout comme Lou et No, il souffre de solitude : son père a quitté sa famille pour vivre au Brésil et sa mère a retrouvé un nouveau compagnon. Elle rend rarement visite à son fils. Lucas se débrouille donc tout seul.

Il décide d'aider No et soutient Lou dans toutes ses entreprises. Lucas invente des histoires sur le futur de No (« des jours meilleurs, des hasards bienfaiteurs, des contes de fées » p. 159), pour lui donner du courage. Il n'est pas insensible aux sentiments de Lou (qu'il appelle Pépite) : il les comprend et, surtout, les partage.

ANOUK BERTIGNAC

Anouk Bertignac est la mère de Lou. À la suite de la mort soudaine de sa seconde fille, elle s'enferme dans le mutisme et s'isole de plus en plus, se soustrayant à la vie familiale et professionnelle et finissant par tomber dans une grave dépression qui doit être soignée dans un hôpital spécialisé.

Cependant, l'arrivée de No dans le foyer change la donne : Anouk, à la surprise de Lou et au bonheur de son époux, commence à changer et à s'ouvrir aux personnes autour d'elle. En effet, la SDF arrive à déclencher un instinct maternel profondément enfoui. Anouk et No deviennent amies : elles se font des confidences, se prêtent leurs vêtements et boivent du vin ensemble.

À la fin du livre, ayant parachevé son travail de deuil, Anouk comprend qu'elle a trop longtemps négligé sa propre fille. Quand Lou disparait, elle s'inquiète énormément pour elle. Grâce à cette histoire, Anouk évolue dans sa manière d'être et redevient celle qu'elle était avant la mort la petite Thaïs.

BERNARD BERTIGNAC

Bernard Bertignac, contrairement à sa femme, cache les signes de sa dépression. En tant que cadre, il ne se permet pas de pleurer en public. En réalité, il demeure impuissant face à une femme dépressive et une adolescente surdouée.

Il incarne les valeurs adultes de responsabilité, de stabilité et d'ordre. Avec No, il sent qu'il a un devoir citoyen à accomplir : il débarrasse le bureau pour elle, appelle l'assistante sociale. En revanche, lorsqu'elle ne respecte plus les règles de la maison, il est contraint de l'obliger à quitter la maison. À la suite de cette expulsion, sa relation avec Lou, qui l'accuse de ne rien comprendre, se dégrade.

CLÉS DE LECTURE

UN ROMAN HUMANISTE

L'enjeu de cet ouvrage n'est pas de s'ériger en roman social (puisqu'il ne s'engage pas du côté d'une classe sociale contre une autre), mais de souligner une des difformités de la société actuelle : le nombre inquiétant de sans-abris et leurs difficultés à s'en sortir. Il s'agit donc plutôt d'un roman humaniste, c'est-à-dire qui place l'homme et ses valeurs au-dessus de tout.

Par quels coups de la vie peut-on se retrouver à la rue ? Lou ne le comprend pas. Par exemple, le SDF qui résidait dans leur quartier depuis des années s'est retrouvé à la rue car, quitté par sa femme, il n'a pas pu gérer la situation et s'est perdu, personnellement et socialement. D'autres exemples sont donnés par No : « Des femmes normales qui ont perdu leur travail ou qui se sont enfuies de chez elles, des femmes battues ou chassées » (p. 72).

Les SDF, qui vivent déjà une situation très difficile, deviennent à la longue encore plus miséreux. Ils ne parviennent pas à trouver du travail, sont obligés de faire la queue pour un bol de soupe, sont chassés des magasins dès qu'ils s'y réfugient pour se réchauffer, etc. Les éventuels employeurs profitent de leur situation de faiblesse, comme c'est le cas pour No : elle est embauchée à mi-temps, mais elle travaille à plein temps et, en plus du ménage, elle doit s'occuper du bar et de l'accueil des clients.

En outre, il y a beaucoup de violence entre les SDF, comme le montre l'épisode de la soupe populaire, où ils se disputent les places, ou encore celui des deux femmes qui se battent pour un mégot. « Voilà ce qu'on devient, des bêtes, des putains de bêtes », explique No en racontant cet épisode à Lou (p. 74). Ils semblent appartenir à un autre univers, comme le pense No. Quand cette dernière passe, indifférente, à côté d'un SDF qui l'a abritée quelques fois et qu'elle fait semblant de ne pas voir, Lou, qui l'accompagne, lui dit que c'est quand même son ami. No, qui a un travail, revient alors sur ses pas et donne 20 euros au SDF, mais celui-ci refuse le billet et crache par terre. Serait-il convaincu, comme No, que les sans-abris font partie d'un autre monde que ceux qui ont des moyens financiers et que, dans ce monde à eux, il y a des règles non écrites à respecter, une hiérarchie ou une dignité difficile à appréhender ?

Delphine de Vigan pointe ainsi du doigt un dysfonctionnement de la société actuelle, où l'on est capable de progrès technique, mais incapable de s'occuper de ses semblables, des démunis. La société devient de plus en plus mécanisée et déshumanisée. Cela semble par ailleurs être la conclusion de Lou. L'auteure dénonce donc dans ce roman le rejet et la stigmatisation des SDF par certains de leurs semblables, indifférents.

Notons que l'auteure veut également mettre en évidence l'omniprésence de la violence, qui n'est pas uniquement présente chez les sans-abris. Lou, qui pensait que la violence était physique, en découvre de nouvelles manifestations dans les silences de No (« La violence est ce temps qui recouvre les blessures, [...] cet impossible retour en arrière », p. 261), dans le manque de réaction de sa mère (« Ma mère reste debout [...] les bras le long du corps. [L]a violence est là aussi, dans ce geste impossible qui va d'elle vers moi, ce geste à jamais suspendu », p. 265), dans le quotidien (« il suffisait de compter ceux qui parlent tout seuls ou qui déraillent, il suffisait de prendre le métro », p. 278). Dans la société moderne, la violence est partout.

Malgré tout, Lou veut prouver qu'il suffit de regarder autour de soi et de s'ouvrir à autrui pour changer le cours des choses :

> « Un jour on s'attache à une silhouette, à une personne, on pose des questions, on essaie de trouver des raisons, des explications. [...]. Les choses sont ce qu'elles sont. Mais moi je crois qu'il faut garder les yeux grands ouverts. Pour commencer. » (p. 79)

LE THÈME DE LA SOLITUDE

La solitude des jeunes est également mise en évidence.

Lou, une fille pourtant aimée et vivant dans une famille aisée, se sent seule (c'est une expression qu'elle répète à plusieurs reprises) et trouve une amie en la personne de No, avec qui elle n'a pourtant en commun que leur solitude. Quand elle décide d'aider No et de ne pas l'abandonner, elle est seule à mener ce projet (ses parents acceptent No tant qu'elle respecte leurs règles).

Lou sait très bien quand sa solitude a commencé : un jour,

après le décès de sa sœur, alors qu'elle faisait du vélo dans un parc avec sa mère, elle est tombée, mais sa mère n'a rien vu et n'a pas réagi. C'est une dame qui l'a aidée à se relever. Celle-ci lui a ensuite fait un signe de la main : « [U]n signe comme ça [...] veut dire qu'il va falloir être forte, il va falloir grandir avec ça. Ou plutôt sans. » (p. 244) Sans l'affection de sa mère.

No a aussi été abandonnée par sa mère et trouve pendant quelque temps un peu de réconfort auprès d'Anouk Bertignac. Lou a par conséquent l'impression que lorsque No se confesse à sa propre mère, c'est pour essayer de trouver une mère de substitution. La jeune fille est alors en colère, surtout quand elle entend Anouk raconter à No comment son bébé est mort (elle se sent à nouveau trahie par sa mère). Mais la solitude de No est surtout sociale : aucun lien ne peut se créer entre elle et les SDF qu'elle fréquente, et le système d'assistance sociale ne fait que mettre plus de pression sur elle. Pour se protéger, elle met alors au point une sorte de système de défense contre tout, qui se manifeste par une certaine indépendance : elle rejette (son surnom évoque d'ailleurs la négation) tout geste d'aide ou d'amitié. Elle accepte l'aide temporaire de Lou et de Lucas, mais elle les quitte finalement.

Lucas souffre d'une autre forme de solitude. Il est tout simplement laissé à l'abandon par ses parents, qui pourtant l'aiment et qui pensent pouvoir compenser leur absence par des chèques. Il est assez fort pour vaincre sa solitude et pour devenir un adulte sûr de lui.

UN ROMAN D'INITIATION ET D'APPRENTISSAGE

No et moi est un roman d'initiation et d'apprentissage dans lequel Lou, une jeune adolescente, est plongée dans la réalité de la vie et acquiert des notions sur les relations humaines et sur le fonctionnement de la société. La jeune fille est confrontée à différents aspects du monde (les sans-abris, l'amour et le manque d'amour, l'amitié) qui influencent son évolution et l'aident à se forger des opinions personnelles.

Elle, qui était seule, apprend ce qu'est l'amitié et s'en fait une vision utopique. Elle pense au renard du *Petit Prince* d'Antoine de Saint-Exupéry (écrivain français, 1900-1944), au fragment sur la signification du verbe « apprivoiser » qu'elle a mémorisé et qu'elle veut mettre en application :

> « Tu n'es encore pour moi qu'un petit garçon tout semblable à cent-mille petits garçons. Et je n'ai pas besoin de toi. Je ne suis pour toi qu'un renard semblable à cent-mille renards. Mais, si tu m'apprivoises, nous aurons besoin l'un de l'autre. Tu seras pour moi unique au monde. Je serai pour toi unique au monde. » (p. 212)

Elle est apprivoisée par No et, par la suite, elle a besoin de son amitié pour ne plus être seule. No devient alors unique pour Lou. Mais il n'est pas certain que, de son côté, No accepte ou attende d'être apprivoisée : le fait d'avoir abandonné Lou et de l'avoir rejetée à différents moments montre qu'elle a des réserves sur la création de liens forts, même si elle s'assure sans cesse de la confiance de Lou. Ce n'est pas de la simple indifférence : tel que le suppose Lou, étant donné que No n'a pas reçu beaucoup d'attention de ses proches, elle ne sait pas comment réagir.

Lou voit son amitié mise à l'épreuve et, tout au long du livre, apprend énormément de choses sur les relations humaines. En outre, elle découvre également l'amour grâce à Lucas.

RATIONALITÉ CONTRE SPONTANÉITÉ

Face aux SDF, deux approches sont mises en lumière dans le roman : la rationalité des adultes contre la spontanéité ou l'élan du cœur des adolescents.

Les premiers (Bernard Bertignac, le professeur de SES ou encore la vendeuse) se caractérisent par une approche plus théorique que pratique : ils se contentent de parler, d'avertir, de trouver des arguments tout en comparant les données et les statistiques relatives aux SDF. Plutôt prudents et passifs, ils voient le monde en noir et blanc.

Alors que Lou, et plus tard Lucas, décident d'aller dans la rue, à la rencontre d'un monde qu'ils ne connaissent pas. Les deux jeunes sont dans l'action concrète et tangible (par exemple nourrir No et lui offrir une adresse pour faciliter sa recherche de travail). Leur aide est inconditionnelle. Quand l'alcoolisme de No commence à se faire pesant, ils ne la mettent pas dehors, comme le fait Bernard, mais redoublent leurs efforts.

La différence relève du regard porté sur le sujet : les adolescents ont un regard plus naïf, ils observent mais ne jugent pas. En outre, ils se posent des questions, que les adultes

– gagnés par une sorte d'automatisme de la routine – ne se posent plus.

UNE ÉCRITURE DE CE QUI EST

Le monde de Delphine de Vigan n'est pas parfait. L'auteure ne cherche pas à moraliser ou à créer une réaction émotive auprès du lecteur. « Les choses sont ce qu'elles sont » – l'affirmation qui revient dans le livre comme un leitmotiv pourrait très bien qualifier le style de cette écrivaine : c'est une écriture de ce qui est, sans fioritures, qui a pour ambition de décrire la réalité telle qu'elle se donne à voir.

La thématique des sans-abris sert, en quelque sorte, de prétexte, pour aborder un sujet aussi complexe qu'universel, à savoir celui des relations humaines (par exemple mère-fille, camarades de classes, les personnes croisées au supermarché) ou encore celui de l'exclusion sociale.

Par ailleurs, le langage utilisé, intentionnellement simple (ou simplifié), est destiné à être compris par des jeunes. Pour ce faire, l'auteure, elle-même mère de deux adolescents, n'a pas hésité à côtoyer et à correspondre avec des adolescents. Pour éviter de tomber dans des écueils, de Vigan prête sa voix à Lou, l'adolescente surdouée, « attachante et vraie » (ELIARD A., « Delphine de Vigan, mi-guépard mi-hérisson », in *Le Figaro*, 1er juillet 2008).

UNE ADAPTATION LIBRE

C'est à la suite d'un véritable intérêt pour les personnages que la réalisatrice Zabou Breitman (actrice et réalisatrice française, 1959) adapte *No et moi* au cinéma en 2010. Elle-même joue Anouk Bertignac, à ses côtés on retrouve Bernard Campan (acteur français, 1958) dans le rôle de Bernard Bertignac, Nina Rodriguez (actrice française, 1997) dans le rôle de Lou et Julie-Marie Parmentier (actrice française, 1981) dans celui de No, qui dans le film se prénomme Nora. Le film a reçu cinq nominations et le prix de la révélation masculine de l'année pour le rôle de Lucas, interprété par le fils de la réalisatrice, Antonin Chalon (acteur français, 1993).

Dans *No et moi*, l'auteure a mis en scène la rencontre de deux errances issues de mondes différents : celle d'une jeune surdouée issue d'un monde « normal » mais qui présente de nombreuses failles, et celle d'une jeune SDF, déjà usée par la vie. Leur proximité, par-delà les différences, a permis au roman d'obtenir un grand succès public.

PISTES DE RÉFLEXION

QUELQUES QUESTIONS POUR APPROFONDIR SA RÉFLEXION...

- Quelles sont les valeurs humaines mises en avant dans cet ouvrage ?
- L'auteure présente-t-elle une démarche « engagée » ? Peut-on dire qu'elle se propose de dénoncer le système social actuel ?
- Comment expliquez-vous le sentiment de solitude de Lou ?
- Trois mères sont présentées dans ce roman. Dressez leurs portraits et comparez-les.
- Lou est intellectuellement précoce. Comment le vit-elle ? Est-ce qu'elle sent que cela lui est utile dans la vie de tous les jours ?
- Alors que Lou a un quotient intellectuel de 160, elle se retrouve démunie dans des situations relativement simples. Faites une recherche sur les personnes à haut potentiel pour expliquer cela et mieux les comprendre.
- No préfère ne pas parler directement d'elle. À votre avis, pourquoi ?
- Imaginez que vous devez faire un exposé sur le thème des sans-abris. Que diriez-vous ?
- *No et moi* a été transposé à l'écran en 2010. Comparez l'impact du film (qui tient du visuel) et du livre (de la lecture) sur le public.
- Cet ouvrage a obtenu beaucoup de succès chez les jeunes. À quoi imputez-vous cela ?

Votre avis nous intéresse !
Laissez un commentaire sur le site de votre librairie en ligne
et partagez vos coups de cœur sur les réseaux sociaux !

POUR ALLER PLUS LOIN

ÉDITION DE RÉFÉRENCE

- DE VIGAN D., *No et moi*, Paris, JC Lattès, 2008.

ÉTUDE DE RÉFÉRENCE

- ELIARD A., « Delphine de Vigan, mi-guépard mi-hérisson », in *Le Figaro*, 1er juillet 2008, consulté le 10 octobre 2016, http://www.lefigaro.fr/livres/2008/07/01/03005-20080701ARTFIG00284-delphine-de-vigan-mi-guepard-mi-herisson.php

ADAPTATION

- *No et moi*, film de Zabou Breitman, avec Nina Rodriguez et Julie-Marie Parmentier, France, 2010.

SUR LEPETITLITTÉRAIRE.FR

- Fiche de lecture sur *Les Heures souterraines* de Delphine de Vigan.
- Fiche de lecture sur *Rien ne s'oppose à la nuit* de Delphine de Vigan.
- Fiche de lecture sur *D'après une histoire vraie* de Delphine de Vigan.

L'éditeur veille à la fiabilité des informations publiées, lesquelles ne pourraient toutefois engager sa responsabilité.

© **LePetitLittéraire.fr, 2016. Tous droits réservés.**

www.lepetitlitteraire.fr/

ISBN version numérique : 978-2-8062-9093-9
ISBN version papier : 978-2-8062-9094-6
Dépôt légal : D/2016/12603/845

Avec la collaboration de Tina Van Roeyen pour les personnages d'Anouk Bertignac et de Bernard Bertignac ainsi que pour les chapitres « Rationalité contre spontanéité » et « Une écriture de ce qui est ».

Conception numérique : Primento,
le partenaire numérique des éditeurs.

FÉDÉRATION
WALLONIE-BRUXELLES

Ce titre a été réalisé avec le soutien de la Fédération Wallonie-Bruxelles, Service général des Lettres et du Livre.

Retrouvez notre offre complète sur lePetitLittéraire.fr

- des fiches de lectures
- des commentaires littéraires
- des questionnaires de lecture
- des résumés

ANOUILH
- Antigone

AUSTEN
- Orgueil et Préjugés

BALZAC
- Eugénie Grandet
- Le Père Goriot
- Illusions perdues

BARJAVEL
- La Nuit des temps

BEAUMARCHAIS
- Le Mariage de Figaro

BECKETT
- En attendant Godot

BRETON
- Nadja

CAMUS
- La Peste
- Les Justes
- L'Étranger

CARRÈRE
- Limonov

CÉLINE
- Voyage au bout de la nuit

CERVANTÈS
- Don Quichotte de la Manche

CHATEAUBRIAND
- Mémoires d'outre-tombe

CHODERLOS DE LACLOS
- Les Liaisons dangereuses

CHRÉTIEN DE TROYES
- Yvain ou le Chevalier au lion

CHRISTIE
- Dix Petits Nègres

CLAUDEL
- La Petite Fille de Monsieur Linh
- Le Rapport de Brodeck

COELHO
- L'Alchimiste

CONAN DOYLE
- Le Chien des Baskerville

DAI SIJIE
- Balzac et la Petite Tailleuse chinoise

DE GAULLE
- Mémoires de guerre III. Le Salut. 1944-1946

DE VIGAN
- No et moi

DICKER
- La Vérité sur l'affaire Harry Quebert

DIDEROT
- Supplément au Voyage de Bougainville

DUMAS
- Les Trois Mousquetaires

ÉNARD
- Parlez-leur de batailles, de rois et d'éléphants

FERRARI
- Le Sermon sur la chute de Rome

FLAUBERT
- Madame Bovary

FRANK
- Journal d'Anne Frank

FRED VARGAS
- Pars vite et reviens tard

GARY
- La Vie devant soi

GAUDÉ
- La Mort du roi Tsongor
- Le Soleil des Scorta

GAUTIER
- La Morte amoureuse
- Le Capitaine Fracasse

GAVALDA
- 35 kilos d'espoir

GIDE
- Les Faux-Monnayeurs

GIONO
- Le Grand Troupeau
- Le Hussard sur le toit

GIRAUDOUX
- La guerre de Troie n'aura pas lieu

GOLDING
- Sa Majesté des Mouches

GRIMBERT
- Un secret

HEMINGWAY
- Le Vieil Homme et la Mer

HESSEL
- Indignez-vous !

HOMÈRE
- L'Odyssée

HUGO
- Le Dernier Jour d'un condamné
- Les Misérables
- Notre-Dame de Paris

HUXLEY
- Le Meilleur des mondes

IONESCO
- Rhinocéros
- La Cantatrice chauve

JARY
- Ubu roi

JENNI
- L'Art français de la guerre

JOFFO
- Un sac de billes

KAFKA
- La Métamorphose

KEROUAC
- Sur la route

KESSEL
- Le Lion

LARSSON
- Millenium I. Les hommes qui n'aimaient pas les femmes

LE CLÉZIO
- Mondo

LEVI
- Si c'est un homme

LEVY
- Et si c'était vrai...

MAALOUF
- Léon l'Africain

MALRAUX
- La Condition humaine

MARIVAUX
- La Double Inconstance
- Le Jeu de l'amour et du hasard

MARTINEZ
- Du domaine des murmures

MAUPASSANT
- Boule de suif
- Le Horla
- Une vie

MAURIAC
- Le Nœud de vipères

MAURIAC
- Le Sagouin

MÉRIMÉE
- Tamango
- Colomba

MERLE
- La mort est mon métier

MOLIÈRE
- Le Misanthrope
- L'Avare
- Le Bourgeois gentilhomme

MONTAIGNE
- Essais

MORPURGO
- Le Roi Arthur

MUSSET
- Lorenzaccio

MUSSO
- Que serais-je sans toi ?

NOTHOMB
- Stupeur et Tremblements

ORWELL
- La Ferme des animaux
- 1984

PAGNOL
- La Gloire de mon père

PANCOL
- Les Yeux jaunes des crocodiles

PASCAL
- Pensées

PENNAC
- Au bonheur des ogres

POE
- La Chute de la maison Usher

PROUST
- Du côté de chez Swann

QUENEAU
- Zazie dans le métro

QUIGNARD
- Tous les matins du monde

RABELAIS
- Gargantua

RACINE
- Andromaque
- Britannicus
- Phèdre

ROUSSEAU
- Confessions

ROSTAND
- Cyrano de Bergerac

ROWLING
- Harry Potter à l'école des sorciers

SAINT-EXUPÉRY
- Le Petit Prince
- Vol de nuit

SARTRE
- Huis clos
- La Nausée
- Les Mouches

SCHLINK
- Le Liseur

SCHMITT
- La Part de l'autre
- Oscar et la Dame rose

SEPULVEDA
- Le Vieux qui lisait des romans d'amour

SHAKESPEARE
- Roméo et Juliette

SIMENON
- Le Chien jaune

STEEMAN
- L'Assassin habite au 21

STEINBECK
- Des souris et des hommes

STENDHAL
- Le Rouge et le Noir

STEVENSON
- L'Île au trésor

SÜSKIND
- Le Parfum

TOLSTOÏ
- Anna Karénine

TOURNIER
- Vendredi ou la Vie sauvage

TOUSSAINT
- Fuir

UHLMAN
- L'Ami retrouvé

VERNE
- Le Tour du monde en 80 jours
- Vingt mille lieues sous les mers
- Voyage au centre de la terre

VIAN
- L'Écume des jours

VOLTAIRE
- Candide

WELLS
- La Guerre des mondes

YOURCENAR
- Mémoires d'Hadrien

ZOLA
- Au bonheur des dames
- L'Assommoir
- Germinal

ZWEIG
- Le Joueur d'échecs

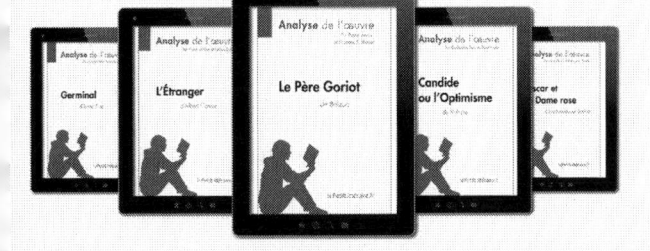

Printed in Great Britain
by Amazon